Le pire endroit

Texte : Andrée Poulin

À Cédric, en souhaitant que tes pas te guident toujours vers le meilleur endroit

Illustrations : Philippe Beha

À Tom

imagine

Le pire endroit pour jouer à saute-mouton,

c'est sur le sofa du salon.

Le pire endroit pour faire pipi,

c'est sur un nid de fourmis.

Le pire endroit pour attraper un coup de soleil,

c'est sur les oreilles.

Le pire endroit pour trouver une araignée,

c'est sur son nez.

Le pire endroit pour perdre son maillot de bain,

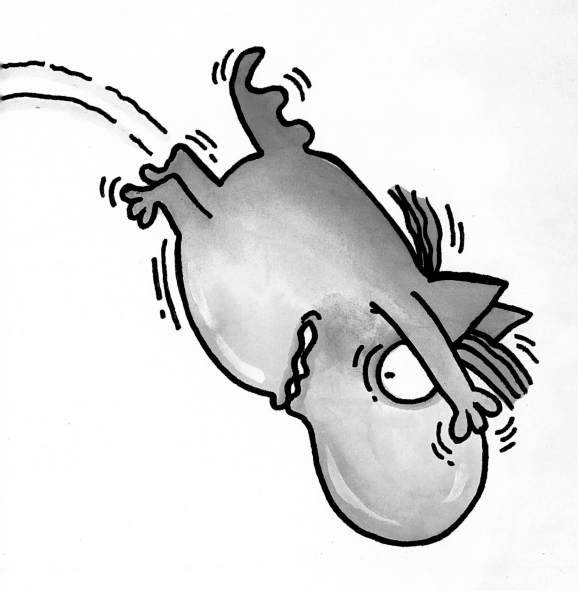

c'est sur le tremplin.

Le pire endroit pour se reposer, c'est sous un pommier.

Le meilleur endroit pour se régaler, c'est dans un pommier.

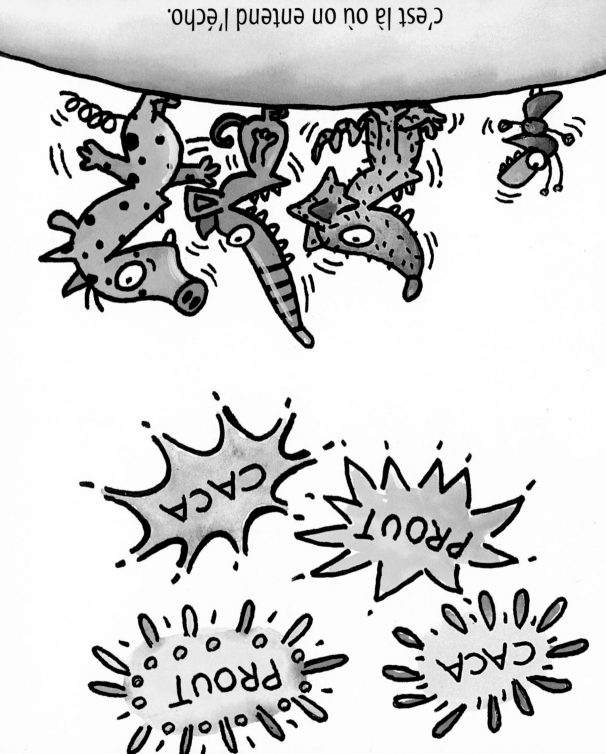

c'est là où on entend l'écho.

c'est dans son bain.

Le meilleur endroit pour jouer au sous-marin,

c'est en haut d'un volcan.

Le meilleur endroit pour faire réchauffer ses croissants,

c'est au restaurant.

c'est sur un paquebot.

Le meilleur endroit pour admirer un cachalot.

imagine

Illustrations : Philippe Béha

À Tom

À Cédric, en souhaitant que tes pas te guident toujours vers le meilleur endroit

Texte : Andrée Poulin

le meilleur endroit
Andrée